Песня Хвалы

Давайте расскажем по всему миру о величии Бога!

«Воскликни Господу, вся земля!»

(стих 1)

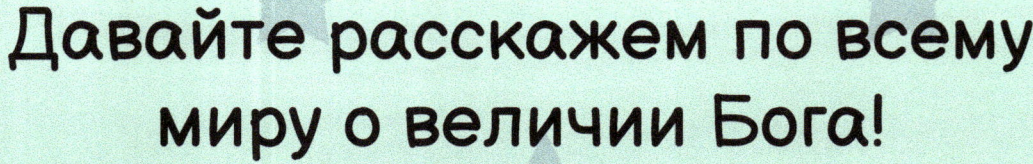

Все делайте для Бога с радостью.

«Служите Господу с радостью...»

(стих 2а)

Давайте петь для Бога радостные песни.

«...с песнопением приходите к Нему.»

(стих 2 б)

Помните, что Он - истинный Бог.

«Знайте, что Господь — Бог!»

(стих 3а)

Он создал нас, и Он создал всю Вселенную!

«Он сотворил нас...»

(стих 3б)

Мы принадлежим Господу Богу, и Он Сам заботится о нас.

«...и мы принадлежим Ему, мы — народ Его и овцы Его стада.»

(стих 3в)

Давайте не забывать о Боге и благодарить Его за все.

«Входите в ворота Его с благодарением...»

(стих 4а)

Давайте говорить с Богом и благодарить Его за возможность общаться с Ним.

«....и во дворы Его с хвалою;»

(стих 4б)

Благодарите Бога за все, что Он сделал и поклоняйтесь Ему.

«...благодарите Его и благословляйте имя Его.»

(стих 4в)

Господь чудесный и заслуживает нашей хвалы.

«Ведь Господь благ...»

(стих 5а)

Он всегда будет нас любить.

«...милость Его навеки...»

(стих 5б)

И все Свои обещания Бог исполнит.

«...и верность Его из поколения в поколение.»

(стих 5в)

Господь, Твое Имя велико и чудесно по всей земле.

Псалом 8:1
(Перефразировка)

*Благодарю Тебя, Господи.
Ты так добр, и Твоя любовь длится вечно.*

Псалом 117:1
(Перефразировка)

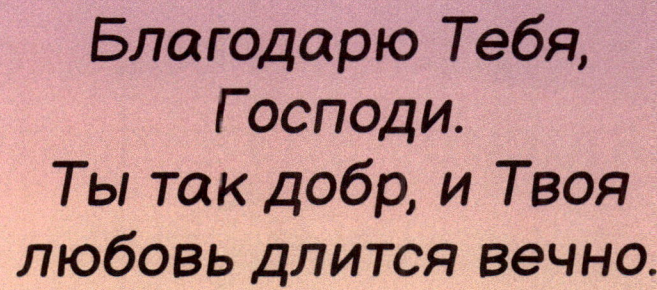

Ты сотворил меня
чудесным образом.
Спасибо за прекрасные
дела Твои.

Псалом 138:14

(Перефразировка)

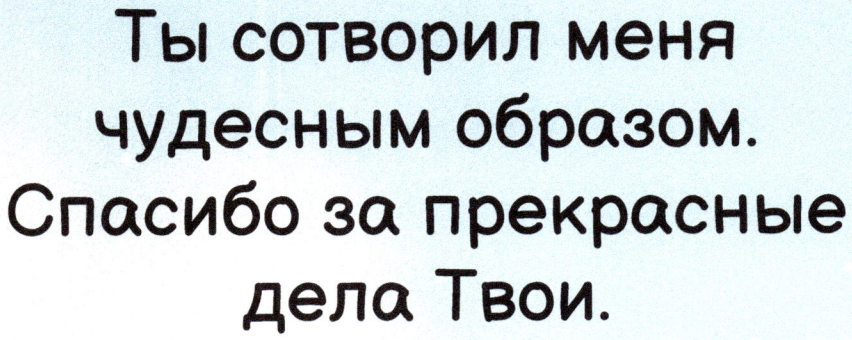

 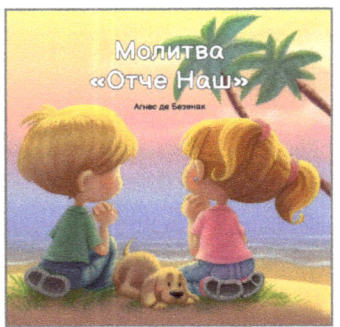

Больше книг в этой серии:

Опубликовано iCharacter Ltd. (Ireland)
www.icharacter.org
Составлено Агнес де Безенак
Перевод: Наталия Феррейра
Авторское право 2020.

www.icharacter.org

Авторское право © 2020 iCharacter Ltd. Все права защищены. Никакая часть этой книги не может быть воспроизведена в любой форме или любым электронным или механическим способом, включая системы хранения и поиска информации, без письменного разрешения издателя или автора, за исключением случаев, когда рецензент может процитировать краткие отрывки, использованные в критических статьях или в рецензии.